Sandy Taikyu Kuhn Shimu

FRÜHSTÜCKEN
IM ZEN-GEIST

Schirner Verlag

ISBN 978-3-8434-5084-3

Sandy Taikyu Kuhn Shimu:
Stark aus der inneren Mitte
Frühstücken im Zen-Geist

Umschlag: Silja Bernspitz, Schirner,
unter Verwendung von # 32749969
(Francesco83) und # 55195664
(phoopanotpics), www.fotolia.de
Satz: Silja Bernspitz, Schirner
Redaktion: Katja Hiller, Schirner
Printed by: ren medien, Filderstadt,
Germany

www.schirner.com

1. Auflage März 2014

Mütter nähren ihre Kinder ein Leben lang –
zuerst körperlich, dann geistig.

Gewidmet meiner Mutter – in tiefer Dankbarkeit.
NOVEMBER 2013

INHALT

WARME FRÜHSTÜCKSGERICHTE 44

ÜBUNGEN ZUR STÄRKUNG DER INNEREN MITTE 79

VORWORT

»WENN DU DICH AUS DEINER MITTE BEWEGST, KANNST DU IN ALLE RICHTUNGEN GEHEN.«

Meine Mutter pflegte morgens immer zu mir zu sagen: »Genau wie ein Auto Benzin braucht, um Leistung zu erbringen, benötigst du ein wertvolles Frühstück für einen guten Tag!« So saß ich kauend und schluckend – mit verschlafenen Augen, aber voller Vertrauen – am Tisch und aß mein Frühstück, das meine Mutter mit viel Liebe zubereitet hatte. Ihren hartnäckigen Überzeugungs- und Überredungskünsten habe ich es zu verdanken, dass ich seit meiner jüngsten Kindheit täglich frühstücke. Auch heute noch – Jahrzehnte danach – klingen Ihre Worte wie ein Mantra in meinem Kopf und in meinem Herzen nach, wenn ich verstohlen auf die Uhr schaue und mir überlege, ob ich vielleicht heute – ausnahmsweise und nur dieses eine Mal – das Frühstück zugunsten der Arbeit oder noch etwas Schlaf ausfallen lassen soll. Aber keine Chance! Ohne Frühstück gehe ich weder aus dem Haus noch beginne ich mit meiner Arbeit. Doch es hat einige Jahre gedauert, bis ich wirklich tief greifend verstanden habe, was meine Mutter mit ihrer klugen Aussage meinte.

Erst heute ist mir klar, wie recht sie damals hatte und wie wichtig die erste Mahlzeit des Tages ist. Für diese Erkenntnis musste ich allerdings zuerst um die halbe Welt, bis nach China, Taiwan, Indien, Tibet, Sri Lanka und auf die Philippinen, reisen und mich in den verschiedensten asiatischen (Lebens-)Künsten ausbilden und schulen lassen…
Denn es ist nicht nur wichtig, **dass** man täglich frühstückt, sondern vor allem auch, **was** und **wie** man frühstückt! Der Schlüssel zu einem gesunden, starken Körper und einem ausgeglichenen, klaren Geist ist ein **warmes** Frühstück!

Dieser kleine Ratgeber soll Ihnen näherbringen, wie Sie am besten warm frühstücken. Neben abwechslungsreichen Rezepten für warme Getränke und Gerichte finden Sie eine Auswahl an einfachen Bewegungsübungen und stillen Meditationen. Sie sollen Sie nicht nur dabei unterstützen, einen besseren Zugang zu Ihrer Mitte zu finden, sondern vor allem, diese zu kräftigen und zu stärken.
Mein Ziel ist es, Sie mit meinen Rezepten auf den Geschmack der »warmen Frühstücksküche« zu bringen und Sie zum selbstständigen Experimentieren anzuregen. Ich wünsche mir, dass Sie den Nutzen eines

warmen Frühstücks am eigenen Körper und Geist erfahren und erleben können. Denn so können Sie im Alltag energievoller, harmonischer und selbstbestimmter denken, fühlen und handeln.

In diesem Sinne wünsche ich Ihnen von Herzen
viel Freude und Genuss.

Herzlichst,
Ihre Sandy Taikyu Kuhn Shimu

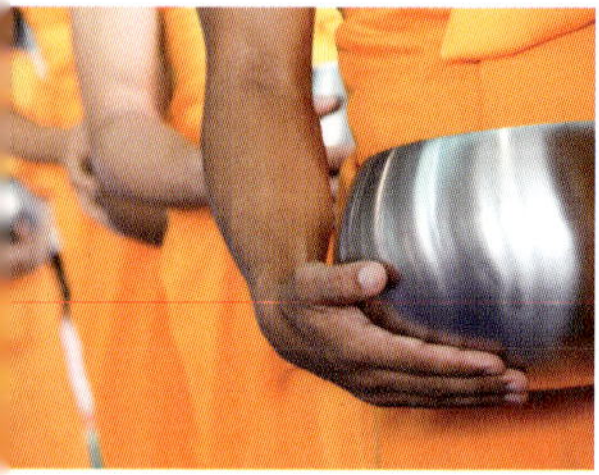

EINFÜHRUNG

»WENN DU ZU DEINER MITTE ZURÜCKKEHRST,
WERDEN ALLE WEGE EINS.«

Das Frühstück ist die wichtigste Mahlzeit des Tages. Ein bekanntes Sprichwort lautet: »Iss morgens wie ein Kaiser, mittags wie ein Edelmann und abends wie ein Bettler.« Auch die Wissenschaft rät uns, dass das Frühstück mindestens ein Drittel der täglichen Kalorienzufuhr ausmachen sollte.

EIN FRÜHSTÜCK:

- füllt die Energie-, Nährstoff- und Flüssigkeitsspeicher auf.
- entlastet das Herz.
- beugt Diabetes und Herz-Kreislauf-Erkrankungen vor.
- regt den Stoffwechsel an.
- fördert die Verdauung.
- unterstützt die Zellen.
- regelt den Appetit.
- schützt vor einem »Hungerloch«.

- verhindert Heißhungerattacken, vor allem süße Gelüste am Nachmittag.
- schützt vor Übergewicht und reguliert ganz allgemein das Gewicht.
- beugt Müdigkeit und Konzentrationsmangel vor.
- macht körperlich und geistig fit für den ganzen Tag.

EIN WARMES FRÜHSTÜCK HAT ZUDEM FOLGENDE POSITIVE EIGENSCHAFTEN:

- Es sättigt länger.
- Es wirkt wärmend.
- Es stärkt die Verdauung.
- Es erhöht die Leistungs- und Konzentrationsfähigkeit.
- Es baut wertvolle Energiereserven auf.
- Es aktiviert und hält einen hohen körperlichen und geistigen Energielevel stabil.
- Es stärkt das Immunsystem.
- Es fördert die körperliche und geistige Gesundheit.
- Es balanciert die inneren Kräfte aus.
- Es fördert einen klaren, wachen und ausgeglichenen Geist.
- Es kann auch am Vorabend vorbereitet werden.

Die Mitte, der Bauch, gilt in den meisten asiatischen Systemen als Zentrum der Energie. In der indischen Philosophie wird die Mitte mit dem »Manipura-Chakra« gleichgesetzt. In der chinesischen Tradition nennt man das wichtige Energiezentrum »Dan Tian«. Im Japanischen bezeichnet der Begriff »Hara« das Bauchzentrum. In allen drei Traditionen steht die Mitte für die innere Quelle der Kraft und der Lebensenergie. Dem Aufbau und der Pflege der inneren Mitte wird dementsprechend viel Zeit und Aufmerksamkeit geschenkt. Der Bauch gilt zudem in vielen Traditionen als Sammelbecken für Gefühle, Empfindungen und Emotionen. Auch im Begriff »Bauchhirn« steckt diese Verbindung von Bauch und Gehirn, und er steht für Entscheidungen, die wir spontan und intuitiv richtig treffen. Eine starke innere Mitte bedeutet aber nicht nur einen gesunden, klaren und friedlichen Geist, sondern auch gesunde und gut funktionierende Verdauungsorgane, einen kräftigen und leistungsfähigen Körper und ganz allgemein ein hohes, gleichbleibendes Energieniveau.

Interessanterweise schwächen nicht nur falsche Ernährungsgewohnheiten die innere Mitte, z. B. kalte Getränke und Nahrungsmittel, unregelmäßiges und zu schnelles Essen. Auch zu langes und häufiges Nachdenken, Sich-Sorgen, anhaltender Stress und mentale Überarbeitung wirken sich negativ auf die innere Balance aus. Müdigkeit, Konzentrationsmangel, ein geschwächtes Immunsystem, schnelles Frieren, eine allgemeine Schwäche, Lustlosigkeit und Verdauungsprobleme können davon verursacht werden.

Wichtig ist, dass Sie ein inneres Gespür für das »richtige« Frühstück entwickeln. Wenn Sie nach dem Essen ein gutes, warmes Gefühl im Bauch haben, rundum zufrieden sind und mindestens 3–4 Stunden keinen Heißhunger verspüren, dann sind Sie auf dem richtigen Weg. Leiden Sie hingegen nach dem Frühstück an Völlegefühl oder Blähungen, oder müssen Sie aufstoßen und verspüren schon kurz nach der Mahlzeit wieder Hunger, dann haben Sie noch nicht die richtige Menge oder die richtigen Nahrungsmittel für Ihren Ernährungstyp gefunden.

Werfen wir noch einen kurzen Blick auf die »Organuhr«. Ähnlich unserem Biorhythmus ist nicht jedes Organ zu jeder Tageszeit gleich aktiv. Im 2-Stunden-Rhythmus wechselt die Aktivität von einem Organ zum anderen. In diesen zwei Stunden ist die Energie dort am höchsten, d.h., das Organ erfüllt in dieser Zeit seine Funktion am besten. Die Ausscheidungsfunktion hat ihren Höhepunkt **zwischen 5 und 7 Uhr morgens.** Dann ist es Zeit, den Körper zu reinigen und zu entgiften. Diese Stunden eignen sich wunderbar für Atemübungen, leichte Körperübungen und Meditationen.

Die Verdauungsorgane laufen **zwischen 7 und 9 Uhr** auf Hochtouren. Ein warmes Frühstück bildet hier eine gute Basis für den gesamten Tag. Die Energie, die wir morgens nicht zu uns nehmen, können wir später am Tag nicht mehr auffüllen oder ausgleichen.

Zwischen 9 und 11 Uhr ist dann die Zeit der Umwandlung und Transformation von Energie. Nun sind wir sehr leistungsfähig und können komplexere und anspruchsvollere Dinge sowohl körperlich als auch geistig in Angriff nehmen.

Zwischen 11 und 13 Uhr ist Zeit für eine ausgewogene warme Mahlzeit in netter Gesellschaft und mit guten Gesprächen. Sport und Stress in der Mittagszeit sind sehr energieraubend für den Körper. Sie schwächen die Herzenergie und somit auch den Geist.

Eine kleine Pause **zwischen 13 und 15 Uhr** fördert wiederum den Verdauungsprozess.

Die Zeit **von 15 bis 17 Uhr** eignet sich wunderbar dafür, einen warmen Tee zu trinken. Das Langzeitgedächtnis arbeitet jetzt auf Hochtouren. Auch Sportler können nun bis an ihre Leistungsgrenze gehen und ihre körperlichen Möglichkeiten voll ausschöpfen.

Ein leichtes, warmes Abendessen nimmt man am sinnvollsten **zwischen 17 und 19** Uhr zu sich.

Und **von 19 bis 21 Uhr** lässt man den Tag bewusst ausklingen und gönnt sich Ruhe und Erholung.

Zwischen 21 und 23 Uhr beginnt der Rückzug der Kräfte. Jetzt ist es Zeit, ins Bett zu gehen, denn auch die Organe machen nun Feierabend.

Von 23 bis 1 Uhr werden sämtliche Vitalfunktionen gesenkt, auch der Stoffwechsel wird langsamer. Die Haut regeneriert sich.

In der Zeit **von 1 bis 3 Uhr** ist die stärkste Regenerationszeit. Die Leber wird entgiftet. Körper und Geist brauchen nun Ruhe, denn die Leistungsfähigkeit ist auf dem Tiefpunkt.

Zwischen 3 und 5 Uhr findet die Zellerneuerung statt. Der Körper regeneriert sich, Melatonin wird ausgeschüttet, in der Lunge finden wichtige Reinigungsprozesse statt, und der Organismus bereitet sich langsam auf den Tag vor. Mit dem Abschnitt **5 bis 7 Uhr** startet der Zyklus von Neuem.

Die Schlussfolgerung ist einfach: Zwischen 7 und 9 Uhr morgens wird Nahrung am besten aufgenommen und verwertet, auch die Funktion der Verdauungsorgane ist dann auf dem Höhepunkt. 12 Stunden später, also zwischen 17 und 19 Uhr, befindet sich beides auf dem energetischen Tiefstand. Deshalb gilt: Essen Sie täglich zwischen 7 und 9 Uhr ein ausgewogenes, schmackhaftes und energiereiches Frühstück, und verzichten Sie nach 19 Uhr auf jegliche Nahrung (in Ausnahmefällen nur leicht verdauliche Speisen).

Neben einem warmen Frühstück als solider Grundlage gibt es eine Vielzahl von einfachen Übungen, die Ihre innere Mitte stärken und pflegen. Es ist also immer der Weg der Mitte, der zur Mitte zurückführt. Deshalb finden Sie in diesem kleinen Ratgeber auch zehn wirkungsvolle Techniken für Körper und Geist, die Ihnen helfen werden, diesen Weg zu gehen.

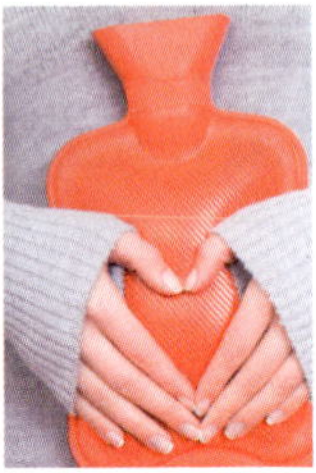

ALLGEMEINE ANMERKUNGEN

BIOLOGISCH ANGEBAUTE LEBENSMITTEL

Biologisch erzeugtes Gemüse, Getreide und Obst stehen hoch im Kurs. »Bio« schmeckt intensiver, ist gesünder und wird meist auch aufwendiger und hochwertiger produziert. Aber nicht immer macht »bio« auch Sinn. Denken Sie z. B. an biologisch angebaute Frühlingskartoffeln aus Ägypten, die Sie im Januar kaufen können. Greifen Sie deshalb am besten auf regionale und saisonale Lebensmittel, z. B. direkt vom Landwirt Ihres Vertrauens, zurück. Achten Sie bei den Lebensmitteln, die nicht in Ihrem Umfeld angebaut werden können (z. B. Bananen oder Mangos) auf einen fairen Handel und ein entsprechendes Gütesiegel.

SÜSSSTOFFE

Zucker ist nicht so schlecht wie sein Ruf. Bei der Verwendung von Zucker ist – wie bei vielem anderen im Leben auch – das Maß entscheidend. Trotzdem möchte ich Sie gern dazu motivieren, weißen Zucker durch andere natürliche Süßungsmittel zu ersetzen. (Das schließt synthetisch hergestellten Süßstoff grundsätzlich aus.) In den Rezepten habe ich ganz bewusst auf die Verwendung von weißem Zucker verzichtet und auf schmackhafte Alternativen wie Honig, Stevia, Jaggery (Palmzucker), Ahornsirup oder Birkenzucker zurückgegriffen. Vielleicht inspiriert Sie dies dazu, auch bei der Zubereitung von anderen Gerichten, Backwaren oder Getränken nicht immer nur weißen Zucker zu verwenden.

VEGETARISCH

Alle Rezepte in diesem Büchlein sind vegetarisch, also fleischlos. Auch wenn Sie kein überzeugter Vegetarier sind, empfehle ich Ihnen ganz bewusst, gesunde und fleischlose Gerichte in Ihren täglichen Speiseplan aufzunehmen. Gerade das Frühstück eignet sich hervorragend dafür, pflanzlich in den Tag zu starten.

VEGAN

Grundsätzlich können Sie alle Rezepte auch ganz einfach vegan, also ohne tierische Produkte, zubereiten. Ersetzen Sie Milch zum Beispiel durch Soja-, Hafer-, Reis-, Dinkel- oder Mandeldrink. Statt Butter greifen Sie zu veganer Margarine oder Pflanzenöl. Eine gute Alternative zu Eiern ist Seidentofu. Oder Sie verwenden Eiersatzprodukte. Herkömmlicher Joghurt lässt sich durch Sojajoghurt ersetzen, und anstatt mit Honig können Sie mit Ahornsirup, Vollrohrohrzucker, Birnendicksaft, Stevia, Palmzucker oder auch Birkenzucker süßen.

VARIATION DER REZEPTE

Kochen im Zen-Geist bedeutet auch, geistig flexibel zu sein. Passen Sie die Gerichte immer der Jahreszeit an. Greifen Sie zum Beispiel bei einem Kompott auf frische saisonale Früchte zurück, ganz egal, was im Rezept angegeben ist.

FRÜHSTÜCKEN IM ZEN-GEIST

»DIE MITTE RUHT IN SICH SELBST.«

Wir alle müssen essen, um zu überleben. Bereits Buddha erklärte, dass wir ohne ausreichend Nahrung an geistiger und körperlicher Lebenskraft verlieren. Er wies aber auch darauf hin, dass was wir essen und die Art, wie wir es tun, in direktem Zusammenhang steht mit der Art und Weise, wie wir leben. Wir alle sind voneinander abhängig. Damit wir überleben, müssen andere Lebensformen – Tiere und Pflanzen – ihr Leben opfern. Dankbarkeit, Wertschätzung und Mitgefühl sollen deshalb grundlegende Tugenden im Umgang mit Nahrungsmitteln, bei der Zubereitung der Speisen und beim Essen sein. Wir alle verfügen über die Fähigkeit, uns bewusst für oder gegen gewisse Lebensmittel, Herstellungsverfahren, Lagerorte und Transportwege und -mittel zu entscheiden. Wir können wählen, wo, was, wann und wie viel wir einkaufen, kochen und essen. Dieser Freiheit und Verantwortung müssen wir uns immer wieder bewusst werden. Wenn wir wollen, dass die Nahrung sowohl unseren Körper als auch unseren Geist nährt, ist ein mitfühlender, nachhaltiger, großzügiger, ethischer und entschlossener Umgang mit dem Thema Essen unumgänglich, wenn nicht sogar überlebenswichtig.

KOCHEN UND ESSEN IM ZEN-GEIST BEINHALTET FÜR MICH FOLGENDE PRINZIPIEN:

- bewusstes Einkaufen und Auswählen der Lebensmittel
- Verzicht auf Tiefkühlprodukte und Konserven
- möglichst keine aufgewärmten Speisen (mit Maß und nicht auf Vorrat kochen)
- keine Mikrowelle benutzen und keine Fertiggerichte zu sich nehmen
- keine verdorbenen oder verkochten Nahrungsmittel
- möglichst wenig tierische Produkte und Alkohol
- zur rechten Zeit, in der rechten Umgebung und mit der rechten Gesellschaft essen
- mit einem gelassenen, friedlichen und ruhigen Gemüt und einem sauberen, gepflegten Körper die Nahrung zu sich nehmen
- nicht zu hastig und nicht zu viel essen (nicht völlig satt essen)

- nicht im Stehen oder Gehen essen
- während der Mahlzeit nicht lesen, telefonieren, fernsehen oder sich mit Computerspielen ablenken
- regelmäßig, bewusst und mit Freude speisen
- die Küche, den Essplatz, die Kochutensilien und das Geschirr sauber und gepflegt halten
- eine einfache, aufmerksame und unkomplizierte Zubereitung
- gesunde, schmackhafte, ausgewogene und abwechslungsreiche Rezepte
- möglichst warm essen und trinken
- Nahrungsmittel verwenden, die die geistige und körperliche Energie erhöhen
- Dankbarkeit, Mitgefühl und Wertschätzung gegenüber den Nahrungs- und Lebensmitteln
- Bewusstheit der Verbundenheit entwickeln (Anbau, Pflege, Ernte, Transport, Umwelt etc.)
- Achtsamkeit vor, während und nach dem Essen

Gerade weil das Essen ein alltäglicher, sich wiederholender Akt ist, laufen wir Gefahr, uns in der Gewohnheit, Unbewusstheit und Selbstverständlichkeit zu verlieren. In den Zen-Klöstern und Zen-Tempeln wird vor dem Essen ein kleiner Text rezitiert. Es sind die fünf Betrachtungen bzw. Kontemplationen über das

Essen. Dieses Ritual schenkt uns Bewusstsein, Dankbarkeit und Achtsamkeit im Umgang mit unseren Nahrungsmitteln. Es ändert unsere Aufmerksamkeit und erinnert uns daran, weshalb wir überhaupt essen.

Die fünf Betrachtungen über das Essen (chin. »Shishi wuguan«) wurden von dem chinesischen Kalligrafen und Dichter Huang Tingjian (1045–1105) verfasst:

食時五觀

1· 計功多少
量彼来處

2· 忖己德行
全缺應供

3· 防心離過
貪等爲宗

4· 正事良藥
爲療形枯

5· 爲成道業
應受此食

ICH REZITIERE SIE VOR DEM ESSEN IN FREIER ÜBERSETZUNG WIE FOLGT:

Mögen wir an unser eigenes Handeln denken
und daran, woher diese Nahrung kommt
und wie viel Mühe damit verbunden ist.

Mögen wir überlegen, ob wir wahrhaft
Gutes getan haben,
wenn wir diese Nahrung annehmen.

Mögen wir Gier, Wut und Verblendung
umwandeln,
indem wir den eigenen Geist zähmen
und uns vom Unheilsamen fernhalten.

Mögen wir diese Nahrung als gute Medizin
für unseren Körper zu uns nehmen.

Wir nehmen diese Nahrung an, um den Weg
der Weisheit und des Mitgefühls zu gehen.

In manchen buddhistischen Traditionen werden die ersten drei Bissen einer Mahlzeit auch ganz bestimmten Gedanken (Gelöbnissen) gewidmet, so zum Beispiel:

DER ERSTE BISSEN:
»Ich gelobe, alles Schlechte zu unterlassen.«

DER ZWEITE BISSEN:
»Ich gelobe, alles Gute zu fördern.«

DER DRITTE BISSEN:
»Ich gelobe, alle Lebewesen zu retten.«

Kochen und Essen im Zen-Geist bedeutet, dass die Nahrung nicht nur unseren Körper, sondern auch unseren Geist stärken soll. Ziel ist es, physische und psychische Gesundheit, Ausgeglichenheit, inneren Frieden, Lebensfreude und Lebensenergie zum eigenen Wohl und zum Wohle aller fühlenden Wesen zu erlangen.

REZEPTE

WARME FRÜHSTÜCKS-GETRÄNKE

»DIE MITTE VERBINDET HIMMEL UND ERDE. SIE SCHAFFT DEN RAUM, DER DAS LEBEN ENTSTEHEN LÄSST.«

Nachfolgend stelle ich Ihnen einfache Rezepte für warme Frühstücksgetränke vor, die schmackhaft, nährend und gesund sind und Ihre innere Mitte stärken. Warme Getränke erhalten das Verdauungsfeuer und stärken die Verdauungskraft. Sie halten die Energie stabil und schenken Wärme und Kraft. Zudem wirken sie wohltuend auf die Verdauungsorgane, unterstützen die Entgiftung und aktivieren den Stoffwechsel.
Ich stelle Soja-, Mandel-, Hafer- und Reisdrink selbst her. Mir macht dies große Freude, und es gibt mir ein gutes Gefühl. Ich suche die Zutaten selbst aus und verzichte auf die Inhaltsstoffe, die mir persönlich Energie rauben und meine innere Mitte schwächen. Die Herstellung pflanzlicher Alternativen zu Milch ist unkompliziert und braucht nur wenig Zeit. Meine Rezepte dazu finden Sie ab S. 36. Selbstverständlich können Sie diese Produkte bereits trinkfertig kaufen,

auch die meisten Kräuterteemischungen gibt es im Handel. Doch hier wähle ich ebenfalls einen anderen Weg. Ich stelle entweder leichte Rezepturen selbst her oder lasse mir den Tee in Apotheken, Drogerien oder Reformhäusern mischen. Der Bezug zu den einzelnen Kräutern und Gewürzen ist für mich so intensiver und die Beziehung zur Natur tiefer.

GRÜNTEE

Wenn Sie morgens oder über den Tag einen kleinen »Wachmacher« brauchen, empfehle ich Ihnen von Herzen Grüntee als Alternative zu Kaffee. Grüner Tee ist ein Heil- und kein Genussmittel. Deshalb trinke ich grundsätzlich keine aromatisierten Tees. Achten Sie beim Einkauf von Tee unbedingt auf eine hochwertige Qualität. Kaufen Sie keine Produkte in Beuteln, und quetschen Sie losen Tee nie in ein Teeei, Teenetz, Teesieb oder eine Teezange. Beachten Sie auch die Qualität und die richtige Temperatur des Wassers, das Sie zur Zubereitung Ihrer Tees verwenden. Übergießen Sie die losen Teeblätter in einer Tasse oder in einer kleinen Kanne, und lassen Sie den Tee entsprechend der Angabe auf der Verpackung ziehen. Seihen Sie dann die Blätter ab. Ich empfehle Ihnen, Tee immer nur in kleinen Mengen aufzugießen und nicht, wie im Westen oft üblich, direkt einen ganzen Liter aufzusetzen. Gute Grüntees können Sie mehrmals aufgießen.

Seien Sie sich bewusst, dass Grüntee niemals beruhigend wirkt, da er schlichtweg keine beruhigenden Inhaltsstoffe enthält. In Fachkreisen unterscheidet man lediglich zwischen leicht anregend, wenn der Tee länger zieht, und stark anregend, wenn er kürzer zieht. Achten Sie unbedingt darauf, dass Sie grünen Tee nicht zu heiß aufgießen, sonst gehen die wertvollen Inhaltsstoffe dieses wunderbaren Naturproduktes verloren. Grüner Tee ist ein kleiner Alleskönner. Geistig macht der grüne Tee Sie wach, fit, konzentriert, leistungsfähig und aufmerksam und vertreibt negative Gedanken. Körperlich wirkt er reinigend, entgiftend und entzündungshemmend. Er bindet freie Radikale und reduziert Stresshormone. Auch der Cholesterin- und der Blutzuckerspiegel profitieren von regelmäßigem Grünteegenuss.

HEISSE GEWÜRZMILCH

für 1 Tasse (200 – 300 ml)

200 ml Sojadrink
1 TL Honig oder Palmzucker
je 1 Prise gemahlener Zimt, Kardamom, Kurkuma, Safran, Nelken, Ingwer und Muskatnuss

Geben Sie die Gewürze zum kalten Sojadrink. Lassen Sie die Gewürzmilch 5 - 10 Minuten köcheln. Süßen Sie sie anschließend mit Honig oder Palmzucker.

HEISSES INGWERWASSER

für 1 Tasse

300 ml Wasser
1 Stück frischer Ingwer

Kochen Sie das Wasser mindestens 10 Minuten lang. Schneiden Sie den Ingwer in feine Scheiben, und geben Sie diese in eine Tasse. Übergießen Sie den Ingwer mit dem heißen Wasser, und lassen Sie das Ingwerwasser ein paar Minuten ziehen.

HEISSE SCHOKOLADE

für 1 Tasse

200 ml Mandeldrink
1 TL reines Kakaopulver
1 TL Ahornsirup oder Birkenzucker

Erwärmen Sie den Mandeldrink. Rühren Sie dann das Kakaopulver und den Ahornsirup oder den Birkenzucker hinein.

HEISSES WASSER

Bringen Sie 300 ml Wasser zum Kochen, und lassen Sie es etwa 10 Minuten sprudelnd weiterköcheln.
Durch das längere Kochen wird das Wasser mit Energie angereichert und gewinnt an Qualität, die die Reinigung der feinen Energie- und Körperkanäle durch das tiefere Eindringen in den Körper erst ermöglicht.

HEISSES ZITRONENWASSER

für 1 Tasse

200 ml heißes Wasser
Saft ½ Zitrone
1 TL Honig oder Ahornsirup

Geben Sie den Zitronensaft in das heiße Wasser, und lösen Sie den Honig oder den Ahornsirup darin auf.

YIN-YANG-TEE

für 1 Tasse

100 g Fenchelsamen
100 g Anis
100 g Kümmel
100 g geschnittene Süßholzwurzeln

Mischen Sie die Kräuter, und füllen Sie den Yin-Yang-Tee in einen luftdichten Behälter. Für eine Tasse geben Sie 1 TL der Kräutermischung in das Gefäß. Übergießen Sie sie mit heißem Wasser, und lassen Sie den Tee ca. 10 Minuten ziehen. Seihen Sie den Tee vor dem Trinken ab.

YOGI-TEE

für 1 Tasse

200 ml Wasser
1 kleines Stück frischer oder getrockneter Ingwer
½ Zimtstange
3 Nelken
3 schwarze Pfefferkörner
3 Kardamomsamen

Zerkleinern Sie die Gewürze mit einem Mörser, und lassen Sie die Mischung mit dem Wasser ca. 20 Minuten in einer kleinen Pfanne leicht köcheln. Gießen Sie die Flüssigkeit durch ein Sieb. Sie können den Yogi-Tee mit etwas Honig oder Palmzucker und Milch oder Sojadrink abschmecken.

PFLANZLICHE ALTERNATIVEN ZU MILCH

Die Herstellung von pflanzlichem Ersatz für Milch ist sehr einfach. Sie brauchen zusätzlich zu den herkömmlichen Küchenutensilien nur einen leistungsstarken Mixer, ein Passier- oder Käsetuch, z.B. aus Leinen, ein Sieb und ein paar Flaschen. Bitte beachten Sie, dass die meisten Drinks keinen starken Eigengeschmack haben. Mir macht das nichts aus, weil ich Sojadrink und Co. weiterverwende und nur in wenigen Ausnahmen pur trinke. Wenn Sie zu der Flüssigkeit während des Mixens zum Beispiel etwas Salz, Vanillemark oder natürliche Süßstoffe dazugeben, erhalten Sie einen schmackhaften Drink. Variieren Sie die Wassermenge der Grundrezepte, wenn Sie den Drink lieber etwas flüssiger oder etwas dicker mögen. Mit den nachfolgenden Rezepten haben Sie eine gute Basis und eine leckere Auswahl. Auch aus Dinkel, Haselnüssen oder Kokosnuss lassen sich leckere Milchersatzprodukte herstellen. Probieren Sie es einfach aus! Alle Drinks sind 5 – 10 Tage im Kühlschrank haltbar, wenn Sie sie in geschlossenen Flaschen aufbewahren.

GRUNDREZEPT FÜR HAFERDRINK

für 1 Liter Haferdrink

2 l Wasser
100 g feine Haferflocken

Bringen Sie das Wasser in einem Topf zum Kochen. Geben Sie die Haferflocken dazu. Lassen Sie alles ca. 5 Minuten köcheln, und rühren Sie dabei immer wieder um. Nach dem Kochen mixen Sie alles so lange, bis eine milchige Flüssigkeit entsteht. Passieren Sie den leicht abgekühlten Haferdrink, danach ist er trinkfertig.

GRUNDREZEPT FÜR MANDELDRINK

GANZ ALLGEMEIN GILT EIN MISCHUNGSVERHÄLTNIS VON ETWA 1 TEIL MANDELN ZU 4 TEILEN WASSER.

für 1,5 Liter Mandeldrink

4 Tassen Wasser
1 Tasse geschälte Mandeln

Lassen Sie die Mandeln über Nacht (8 – 10 Stunden) in Wasser quellen. Gießen Sie dann das Wasser ab, und spülen Sie die Mandeln mit frischem Wasser. Geben Sie die Mandeln und das frische Wasser im Verhältnis 1:4 in einen Mixer. Nach dem Mixen passieren Sie die Flüssigkeit durch ein feines Sieb oder ein Tuch.
Nun können Sie den Mandeldrink weiterverwenden oder pur genießen.

TIPP: Für eine süße Variante geben Sie vor dem Mixen eine kleine Handvoll entsteinter Datteln dazu.

TIPP: Nach dem Passieren bleibt im Tuch das Nebenprodukt Mandelmus zurück, aus dem sich ebenfalls leckere, süße Gerichte zaubern lassen, z.B. »Mandelmus-Bananen-Fladen« (siehe S. 65).

GRUNDREZEPT FÜR REISDRINK

GANZ ALLGEMEIN GILT EIN MISCHUNGSVERHÄLTNIS VON ETWA 1 TEIL REIS ZU 7 TEILEN WASSER.

für 1,5 Liter Reisdrink

7 Tassen Wasser
1 Tasse Reis

Am besten lässt sich der Reis im Reiskocher zubereiten. Kochen Sie 1 Tasse Reis in 2 Tassen Wasser weich. Geben Sie den weichen Reis mit den restlichen 5 Tassen Wasser in einen Mixer, und pürieren Sie das Ganze so lange, bis eine cremige Flüssigkeit entsteht. Gießen Sie den Reisdrink durch ein Sieb.

GRUNDREZEPT FÜR SOJADRINK

GANZ ALLGEMEIN GILT EIN MISCHUNGSVERHÄLTNIS VON ETWA 1 TEIL SOJABOHNEN ZU 3 TEILEN WASSER.

für 1 Liter Sojadrink

3 Tassen Wasser
1 Tasse geschälte Sojabohnen

Lassen Sie die Sojabohnen über Nacht (8 - 10 Stunden) in Wasser einweichen. Gießen Sie dann das Wasser ab, und spülen Sie die gequollenen Sojabohnen mit frischem Wasser gut ab. Geben Sie die Sojabohnen und das frische Wasser im Verhältnis 1:3 in einen Mixer. Nach dem Mixen lassen Sie die Flüssigkeit 10 - 20 Minuten köcheln. Ungekochter Sojadrink kann zu Verdauungsbeschwerden führen.

Verwenden Sie zum Kochen eine große Pfanne, denn beim ersten Aufkochen schäumt der Sojadrink stark auf. Rühren Sie die Flüssigkeit immer wieder um, damit sie nicht anbrennt. Schöpfen Sie den Schaum mit einem Löffel ab.

Nach dem Kochen lassen Sie den Sojadrink etwas abkühlen, dann passieren Sie ihn durch ein Tuch. Nun können Sie den Sojadrink weiterverwenden. Wenn er Ihnen zu bitter schmeckt, geben Sie beim nächsten Mal etwas mehr Wasser dazu, oder süßen Sie ihn nach dem Kochen z. B. mit Stevia.

TIPP: Nach dem Passieren bleibt im Tuch das Nebenprodukt Okara zurück, das in der warmen Küche vielseitig einsetzbar ist, z. B. für einen schmackhaften »Okara-Hafer-Bratling« (siehe S. 70).

WARME FRÜHSTÜCKS-GERICHTE

WARME FRÜHSTÜCKS-GERICHTE

»DIE MITTE BLEIBT IMMER UNBERÜHRT, WIE DAS INNERE AUGE DES TORNADOS.«

Ob Sie Ihr Frühstück süß oder herzhaft genießen, kommt auf Ihre persönliche Vorliebe und Ihre individuelle Konstitution an. Probieren Sie verschiedene Gerichte aus, und nehmen Sie sich am Morgen ganz bewusst Zeit. 15 bis 45 Minuten früher aufzustehen und in dieser Zeit liebevoll und achtsam ein warmes, gesundes und leckeres Frühstück zuzubereiten und zu essen, das schenkt Ihnen ein Vielfaches an körperlicher und geistiger Energie, Harmonie und Zufriedenheit. Sie werden schnell merken, dass Ihnen dieser veränderte Start in den Tag guttut, besser, als sich noch einmal im Bett herumzudrehen und dann hastig im Stehen einen Kaffee und ein Sandwich herunterzuschlingen. In den folgenden Rezepten für pikante, aber auch süße warme Frühstücksgerichte finden Sie eine Auswahl an verschiedenen Getreiden, Früchten, Nüssen und pflanzlichen Alternativen zu Milch. Sehen Sie die Rezepte als Vorschläge an, und lassen Sie sich zu Ihren eigenen Ideen inspirieren. Kochen im Zen-Geist heißt auch improvisieren. Die Zen-Küche ist ein Ort der Achtsamkeit und der Spontaneität – genau wie das tägliche Leben!

BUDDHAS SUPPEN
GRUNDREZEPT

KOCHEN SIE DIESE SUPPE AM VORABEND, DAMIT SIE Z.B. BUDDHAS REISSUPPE SCHNELL UND UNKOMPLIZIERT AM MORGEN ESSEN KÖNNEN.

Langkornreis
Wasser

Kochen Sie den Reis und das Wasser in einem Verhältnis von etwa 1:6 in einem Topf mit guter Isolierung und einem schweren Deckel. Die Menge des Wassers bestimmt die Dicke des Breis bzw. der Suppe. Nehmen Sie also nicht zu viel Reis, weil er sehr stark aufquillt. Wichtig ist es, den Reis nach kurzem Aufkochen nur auf kleinster Flamme, dafür aber 2–4 Stunden köcheln zu lassen. Auf diese Weise brennt er nicht an. Je länger die Reissuppe kocht, desto mehr stärkt sie das Qi und das Blut. Aus dieser Suppe lassen sich unzählige süße und herzhafte Frühstücksvariationen kreieren. Ihrer Fantasie sind dabei keine Grenzen gesetzt. Ich stelle Ihnen zwei Klassiker aus buddhistischen Zen-Klöstern vor.

BUDDHAS MANGOSUPPE

für 2 Portionen

Reissuppe (Grundrezept) / etwas Wasser / 1 Mango /
1 TL Sesam / 1 Prise Salz

Bereiten Sie die Reissuppe nach dem Grundrezept zu. Geben Sie die Menge, die Sie für Ihr Frühstück benötigen, in einen separaten Topf, und erhitzen Sie sie mit etwas Wasser und der Prise Salz. Schälen Sie die Mango, und schneiden Sie das Fruchtfleisch am Stein entlang ab. Schneiden Sie das Fruchtfleisch in kleine Würfel, und heben Sie es unter den heißen Reis.

Lassen Sie das Ganze ca. 5 Minuten köcheln. Rösten Sie den Sesam ohne Zugabe von Öl in einer Pfanne an, und geben Sie ihn auf den fertigen Brei.

BUDDHAS REISSUPPE

für 1 Portion

Reissuppe (Grundrezept) / etwas Wasser / etwas Bio-Vollmilch / etwas Butter oder Ghee / etwas Honig / 1 Prise Salz

Bereiten Sie die Reissuppe nach dem Grundrezept zu. Geben Sie die Menge, die Sie für Ihr Frühstück benötigen, in einen separaten Topf, und erhitzen Sie sie mit etwas Wasser. Zum Schluss geben Sie die Milch, die Butter oder das Ghee, den Honig und das Salz dazu und schmecken alles ab.

DHAL (LINSEN-CURRY)

für 4 Portionen

250 g rote Linsen
250 ml Kokosmilch
200 ml leichte Gemüsebrühe oder Wasser
1 Zwiebel
2 EL Ghee oder Pflanzenöl
2 Knoblauchzehen
ca. 5 cm Lemongras
je 1 EL gemahlener Kreuzkümmel, Kurkuma und Garam Masala
je ½ TL gemahlener Ingwer, Chili und Salz

Weichen Sie die roten Linsen über Nacht oder mindestens 2 Stunden ein. Gießen Sie das Wasser ab. Schneiden Sie die Zwiebel und den Knoblauch sehr klein. Erhitzen Sie das Fett in einer großen Pfanne, und geben Sie alle Gewürze außer Salz, Knoblauch, Ingwer und Lemongras dazu. Reduzieren Sie die Hitze, und lassen Sie alles 1–2 Minuten andünsten. Die Hitze darf nicht zu groß sein, weil die Gewürze sonst bitter werden. Geben Sie die Zwiebeln und das Lemongras dazu, und dünsten Sie alles mit. Danach geben Sie die Linsen und die Gemüsebrühe dazu und rühren auch den Knoblauch und das Ingwerpulver unter. Begießen Sie alles mit der

Kokosmilch, und lassen Sie das Dhal ca. 15 Minuten köcheln. Zum Schluss rühren Sie das Salz unter. Genießen Sie zum Linsen-Dhal die Kokos-Roti (siehe S. 62).

TIPP: Variieren Sie die Menge an Kokosmilch und Gemüsebrühe. Sie können das Dhal z. B. auch nur mit Kokosmilch zubereiten.

DINKELGRIESS MIT WALD-BEERENKOMPOTT

für 2 Portionen

500 ml Reisdrink
20 g Waldbeeren
60 g Dinkelgrieß
2–3 EL Cashewnüsse
1–2 EL Wasser
etwas Butter
1 TL Zitronensaft
½ TL Honig
¼ TL Zimt
1 Prise Salz

Bringen Sie den Dinkelgrieß, den Reisdrink, das Salz, den Zitronensaft und die Butter in einer Pfanne zum Kochen. Wenn der Grieß fest geworden ist bzw. er die

Flüssigkeit aufgesogen hat, nehmen Sie die Pfanne vom Herd. Rühren Sie dann den Honig unter. Geben Sie das Wasser, den Zimt und die Waldbeeren in eine andere Pfanne, und lassen Sie das Ganze köcheln, bis die Früchte die gewünschte Konsistenz haben. Rösten Sie die Cashewnüsse in einer Pfanne ohne Zugabe von Öl vorsichtig an. Füllen Sie den Dinkelgrieß in Schüsseln, und geben Sie das Kompott darüber. Bestreuen Sie alles mit den Cashewnüssen.

ENERGIESUPPE

DIE ENERGIESUPPE KANN PROBLEMLOS AM VORABEND ZUBEREITET UND AM NÄCHSTEN MORGEN AUFGEWÄRMT BZW. WEITERVERARBEITET WERDEN.

3 l Wasser
½ Knollensellerie
4 Möhren
1 Bund Petersilie
1 Lauchstange
1 kleine Zwiebel
3 rote Datteln
2 Knoblauchzehen
2 TL Meersalz
1 kleines Stück frischer Ingwer
3 Lorbeerblätter
¼ TL frisch gemahlener Pfeffer

Waschen Sie die Petersilie, den Sellerie, die Möhren und den Lauch. Die Petersilie geben Sie ganz in die Suppe. Sellerie, Möhren und Lauch schneiden Sie in mundgerechte Stücke. Schälen und schneiden Sie die Zwiebel, den Ingwer und den Knoblauch klein. Geben Sie alle Zutaten inklusive Wasser, Datteln, Lorbeer, Salz und Pfeffer in einen großen Topf, und bringen Sie alles zum Kochen. Verschließen Sie den Topf fest mit einem Deckel, und lassen Sie die Suppe auf kleiner Flamme 6 – 8 Stunden köcheln. Gießen Sie die Suppe durch ein Sieb. Nach Lust und Laune können Sie zum Frühstück eine leckere Suppe trinken oder sie mit den verschiedensten Zutaten verfeinern. Nehmen Sie die Suppe heiß zu sich, erwärmen Sie sie aber nicht in der Mikrowelle. Die Energiesuppe können Sie problemlos 2 – 3 Tage im Kühlschrank aufbewahren. Ich stelle Ihnen nachfolgend meine Lieblingsnudelsuppe vor.

»SHIMUS NUDELSUPPE«

500 ml Energiesuppe
60 g asiatische Nest-Nudeln
3 – 5 Shiitake
1 Handvoll Sojasprossen
1 – 2 TL Sojasauce

Kochen Sie in 500 ml Energiesuppe ungefähr 60 g (entspricht etwa 1 Nest) asiatische Nest-Nudeln (Reisnudeln oder Weizennudeln) weich. Halbieren Sie die Shiitake. Geben Sie die Pilze mit den knackigen Sojasprossen zur Nudelsuppe. Schmecken Sie alles mit Sojasauce und ein wenig Chili ab, und garnieren Sie die Nudelsuppe mit frischen Alfalfa-Sprossen.

GEBRATENE KICHERERBSEN

für 2 Portionen

120 g Kichererbsen
1 kleine Zwiebel
1 Knoblauchzehe
1 Zimtstange
3 Kardamomkapseln
1 TL Salz
je 1 Msp. gemahlener Kurkuma, Kreuzkümmel, Koriander, Chili und Paprika
1 EL Butterschmalz, Ghee oder Pflanzenöl zum Anbraten

Weichen Sie die Kichererbsen über Nacht in reichlich Wasser ein. Spülen Sie sie danach gut ab, und kochen Sie sie weich. Schälen Sie die Zwiebel, und hacken Sie sie klein. Schälen Sie den Knoblauch, und pressen Sie ihn, oder hacken Sie ihn ganz fein. Erhitzen Sie das Fett in einer Pfanne. Geben Sie die Zwiebeln und den Knoblauch sowie alle Gewürze dazu. Die Zimtstange und die Kardamomkapseln bleiben ganz. Reduzieren Sie die Hitze leicht. Lassen Sie alles ein paar Minuten andünsten. Geben Sie die Kichererbsen dazu, und braten Sie sie einige Minuten mit.

TIPP: Dazu passt wunderbar das Kokos-Chili (siehe S. 59) und das Mango-Apfel-Chutney (siehe S. 66).

GEBRATENER REIS MIT RÄUCHERTOFU

für 2 Portionen

350 g gekochter Langkornreis
100 g Räuchertofu
100 g Chinakohl
50 g Lauch
50 g Fenchel
50 g Knollensellerie
2 EL Pflanzenöl
2 EL Sojasauce
2 EL Sonnenblumenkerne

Putzen und schneiden Sie den Chinakohl, den Lauch, den Fenchel und den Sellerie klein. Würfeln Sie auch den Räuchertofu. Erhitzen Sie das Öl in einer Pfanne, und braten Sie das Gemüse an. Geben Sie den Räuchertofu und die Sojasauce dazu, und vermischen Sie alles gut. Lassen Sie das Ganze noch einmal anbraten. Dann geben Sie den gekochten Reis dazu, rühren alles gut um und nehmen nach 2 - 3 Minuten die Pfanne vom Herd. Rösten Sie die Sonnenblumenkerne in einer Pfanne ohne Zugabe von Öl an. Richten Sie den gebratenen Reis in Schalen an, und streuen Sie die gerösteten Sonnenblumenkerne darüber.

TIPP: Kochen Sie den Reis am Vorabend. Dann gelingt dieses leckere Rezept am Morgen ganz fix.

GEMÜSEDAMPFBROT

für 15 Brötchen

400 g Weizenmehl
250 ml warmes Wasser
1 fein geschnittene Karotte
1 fein geschnittene Lauchstange
1 Päckchen Trockenhefe
1 TL Salz
Salz, Pfeffer und gemahlener Ingwer
Butterschmalz, Ghee oder Pflanzenöl zum Anbraten

Vermengen Sie das Mehl, die Trockenhefe und das Salz mit dem Wasser zu einem glatten Teig. Lassen Sie ihn zugedeckt ca. 40 Minuten gehen. Braten Sie die Karotten und den Lauch mit wenig Fett an, und würzen Sie das Gemüse mit Salz, Pfeffer und Ingwer. Dann lassen Sie es etwas abkühlen. Formen Sie aus dem Teig eine Rolle, und schneiden Sie sie in 15 gleich große Stücke. Drücken Sie die Teiglinge mit der Handfläche flach, und füllen Sie jeweils 1 TL des Gemüses in die Mitte des Teiges. Ziehen Sie den Teigrand zur Mitte nach oben, und drehen Sie den Teig so ein, dass die Brötchen gut verschlossen sind. Lassen Sie die gefüllten Dampfbrote weitere 10 Minuten zugedeckt ruhen. Dämpfen Sie die Brötchen ca. 20 Minuten in einem Bambuskorb (Bambusdämpfer) über kochendem Wasser. Servieren Sie die Gemüsedampfbrote heiß, und genießen Sie sie mit etwas Sojasauce.

TIPP: Legen Sie den Boden des Bambuskorbs mit einem Chinakohlblatt oder Salatblatt aus, damit die Dampfbrote nicht am Boden kleben bleiben.

HAFERFLOCKEN-KRÄUTER-SUPPE

für 2 Portionen

700 ml heiße Gemüsebrühe oder Energiesuppe (siehe S. 50)
60 g feine Haferflocken
25 g frische Kräuter (z.B. Kresse, Petersilie, Schnittlauch)
20 g Butter
jeweils 1 Prise gemahlene Muskatnuss, Pfeffer und Kurkuma
1 – 2 EL verschiedene Kerne (z. B. Sonnenblumen-, Pinien- und Kürbiskerne)

Lassen Sie die Butter in einem Topf schmelzen, dann rösten Sie die Haferflocken darin an. Geben Sie die Gewürze hinzu, und lassen Sie sie ebenfalls kurz mitrösten. Löschen Sie alles mit der Gemüsebrühe ab, rühren Sie gut um, und lassen Sie die Suppe ca. 5 Minuten köcheln. Waschen Sie die Kräuter, hacken Sie sie, und geben Sie sie zur Suppe. Rösten Sie den Kernemix ohne Zugabe von Öl in einer Pfanne an. Füllen Sie die Haferflocken-Kräuter-Suppe in Schalen, und bestreuen Sie sie mit den Kernen.

HEIDELBEERPFANNKUCHEN

für etwa 4 Pfannkuchen

200 ml Dinkeldrink
80 g Heidelbeeren
5 EL Weizenmehl
1 Ei
1 Prise Salz
Birkenzucker und Zimt zum Abschmecken
Butterschmalz, Ghee oder Pflanzenöl zum Anbraten

Waschen Sie die Heidelbeeren. Vermengen Sie den Dinkeldrink, das Ei, das Weizenmehl und das Salz zu einem dickflüssigen Teig. Heben Sie behutsam die Heidelbeeren unter. Geben Sie etwas Fett in eine Pfanne. Gießen Sie jeweils 1/4 des Teigs in die heiße Pfanne. Braten Sie die Pfannkuchen auf beiden Seiten 3 – 5 Minuten an.
Die Pfannkuchen sind fertig, wenn sie goldbraun sind. Streuen Sie etwas Zimt und Birkenzucker über die Pfannkuchen, und dekorieren Sie sie mit einem Pfefferminzblatt und einigen Heidelbeeren.

KICHERERBSEN-LINSEN-EINTOPF

DIESER EINTOPF KANN PROBLEMLOS AM VORABEND ZUBEREITET UND MORGENS AUFGEWÄRMT BZW. WEITERVERARBEITET WERDEN.

für 4 – 6 Portionen

500 ml Gemüsebrühe oder Energiesuppe (siehe S. 50)
500 g Tomaten
200 g Kichererbsen
100 g Linsen
100 g Kartoffeln
100 g Karotten
2 EL Butterschmalz, Ghee oder Pflanzenöl zum Anbraten
1 EL Zitronensaft
1 TL Salz
jeweils ½ TL gemahlener Paprika, Kurkuma, Koriander, Kreuzkümmel, Zimt, Ingwer, Safran und Pfeffer

Lassen Sie die Kichererbsen und die Linsen separat über Nacht (6 - 8 Stunden) einweichen. Gießen Sie dann das Wasser ab. Schälen Sie die Kartoffeln, und schneiden Sie sie in kleine Würfel. Schneiden Sie die Karotte in Scheiben. Häuten und entkernen Sie die Tomaten, und würfeln Sie das Fruchtfleisch. Erhitzen Sie das Fett in einem großen Topf. Dünsten Sie alle Gewürze leicht an. Die Gewürze dürfen nicht anbrennen, reduzieren Sie also eventuell sofort die Hitze. Geben Sie die Kichererbsen, die Linsen, die Kartoffeln und die Karotten in den Topf, und lassen Sie alles kurz mitdünsten. Nun geben Sie die Tomaten, den Zitronensaft und die Gemüsebrühe hinzu, rühren alles gut um und lassen den Eintopf 40–50 Minuten bei wenig Hitze köcheln. Rühren Sie ihn immer wieder einmal um. Servieren Sie den Kichererbsen-Linsen-Eintopf mit getrockneten Datteln und mit Zitronenvierteln.

KOKOS-CHILI

BEILAGE ZU DEN GEBRATENEN KICHERERBSEN (SIEHE S. 52)

für 2 Portionen

3 EL Kokosraspel
1–2 EL Kokosmilch
1 TL getrocknete Chiliflocken

Geben Sie alle Zutaten in eine kleine Schüssel, und vermischen Sie sie zu einem kompakten Brei.

KOKOSREIS GRUNDREZEPT

200 ml Wasser
200 ml Kokosmilch
150 g Rundkornreis
½ TL Salz

Kochen Sie den Reis und das Wasser ca. 15 Minuten. Geben Sie die Kokosmilch und das Salz dazu, und rühren Sie alles um. Lassen Sie die Kokosmilch komplett einkochen. Dieser Kokosreis ist die Grundlage für zwei Gerichte.

SÜSSE VARIANTE

für 2 Portionen

für die Kokosfüllung: 80 ml heißes Wasser / ½ Tasse Kokosraspel / 4 EL Palmzucker / je ¼ TL Fenchelsamen und gemahlener Kardamom/ etwas Butter oder Pflanzenöl

Lassen Sie den Palmzucker in einer Pfanne karamellisieren. Geben Sie das Wasser, den Kardamom und die Fenchelsamen dazu. Lassen Sie das Ganze einige Minuten köcheln, bis eine gleichmäßige Sauce entsteht. Geben Sie die Kokosraspeln hinzu, und vermischen Sie alles zu einem festen Brei. Reiben Sie eine kleine Tasse, z.B. eine Espressotasse, mit etwas Butter ein. Befüllen Sie die Tasse 3/4 mit dem Kokosreis. Geben Sie 1-2 EL der Füllung auf den Reis, und füllen Sie die Tasse mit Reis auf. Stürzen Sie sie auf einen Teller.

TIPP: Damit es morgens etwas schneller geht, nehmen Sie anstatt getrockneten Palmzucker einfach Ahornsirup oder flüssigen Palmzucker. So sparen Sie sich das Karamellisieren.

PIKANTE VARIANTE

für 2 Portionen

für die Kokos-Curry-Sauce: 300 ml Kokosmilch / 1 kleine Tomate / 1 rote Zwiebel / 1 TL Currypulver / ¼ TL Kurkuma / ¼ – ½ TL Salz / 8 Curryblätter / 1 kleine Zimtstange / 2 Kardamomkapseln / 1 Prise Chilipulver / etwas Butter oder Pflanzenöl

Schneiden Sie die Zwiebel klein, und achteln Sie die Tomate. Geben Sie alle Zutaten mit 4 EL Kokosmilch in eine kalte Pfanne. Erhitzen Sie alles unter stetigem Rühren. Geben Sie nach 2-3 Minuten die restliche Kokosmilch dazu, und lassen Sie die Sauce weitere 5 Minuten köcheln. Reiben Sie eine kleine Tasse, z.B.

eine Espressotasse, mit etwas Butter ein. Befüllen Sie die Tasse mit dem Kokosreis, und stürzen Sie sie auf einen Teller. Servieren Sie die Kokos-Curry-Sauce in einer separaten Schale.

KOKOS-ROTI

BEILAGE ZUM DHAL (SIEHE S. 48)

für 6 Fladen

200 g Weizen- oder Reismehl
100 ml kaltes Wasser
6 EL Kokosraspel
1 kleine Lauchstange oder
2 Frühlingszwiebeln
½ – 1 TL Salz
6 Curryblätter
wenig Ghee oder Pflanzenöl

Geben Sie das Mehl, die Kokosraspeln und das Salz in eine Schüssel. Putzen und hacken Sie den Lauch oder die Zwiebeln und die Curryblätter, und geben Sie sie ebenfalls in die Schüssel hinein. Vermischen Sie alles gut, und geben Sie langsam nur so viel Wasser dazu, bis ein weicher Teig entsteht. Kneten Sie den Teig so lange, bis er nicht mehr an der Schüssel klebt und geschmeidig ist. Formen Sie etwa golfballgroße Kugeln, und drücken Sie sie mit der Handfläche flach.

Erhitzen Sie etwas Fett in einer Pfanne, geben Sie einen Fladen hinein. Reduzieren Sie die Hitze etwas, und braten Sie die Roti 5 - 8 Minuten von jeder Seite an, bis sie goldbraun sind.

TIPP: Zu den Kokos-Roti passt ein Dhal (siehe S. 48) perfekt.

KOKOS-SCHOKO-BREI

für 2 Portionen

200 ml Kokosmilch
200 ml Reismilch
100 g feine Haferflocken
50 ml Hafer Cuisine oder Sahne
2 EL Mandelstifte
4 getrocknete Datteln
1 TL reines Kakaopulver
1 TL Birkenzucker
1 Msp. Vanillepulver
1 Msp. Zimtpulver
1 Prise Salz

Geben Sie die Kokos- und die Reismilch, alle Gewürze (auch Kakao- und Vanillepulver) und den Birkenzucker in eine Pfanne. Rühren Sie alles mit einem Schneebesen um. Geben Sie dann die Haferflocken dazu, und bringen Sie alles zum Kochen. Rühren Sie zwischendurch immer wieder um, damit nichts anbrennt. Reduzieren Sie die Hitze, und lassen Sie den Brei 2–3 Minuten weiterköcheln. Schneiden Sie die Datteln in kleine Stücke. Nehmen Sie die Pfanne vom Herd, und rühren Sie die Hafer Cuisine oder Sahne unter. Rösten Sie die Mandeln in einer Pfanne ohne Zugabe von Öl an. Füllen Sie den Kokos-Schoko-Brei in Schüsseln, und streuen Sie die Datteln und die Mandelstifte darüber.

TIPP: Garnieren Sie den Kokos-Schoko-Brei mit frischen Erdbeeren.

KÜRBISRÖSTI

für 2 Portionen

400 g ungeschälte, gewaschene Kartoffeln
300 g geschälter, entkernter Kürbis
2 EL gehackte Kürbiskerne
1 TL Salz
jeweils 1 Prise Pfeffer aus der Mühle, Muskatnuss und Rosmarin
Butterschmalz, Ghee oder Pflanzenöl zum Anbraten

Raspeln Sie den Kürbis und die Kartoffeln. Vermengen Sie alle Zutaten in einer großen Schüssel. Erhitzen Sie das Fett in einer großen Pfanne, und geben Sie die Masse in die Pfanne. Reduzieren Sie die Hitze, und wenden Sie die Rösti zu Beginn immer wieder. Braten Sie sie ca. 10 Minuten pro Seite an, bis sie goldbraun und gar sind. Garnieren Sie die Rösti zum Beispiel mit Schnittlauch. Dazu schmeckt ein Spiegelei.

MANDELMUS-BANANEN-FLADEN

für 2 Fladen

1 Banane
50 ml Mandeldrink
3 EL Mandelmus (Nebenprodukt aus der Herstellung von Mandeldrink, siehe S. 37) oder
3 EL geriebene Mandeln
1 Ei
2 EL Walnüsse
1 EL Kokosraspel
1 EL reines Kakaopulver
1 EL Dinkelmehl
1 Prise Salz
Butterschmalz, Ghee oder Pflanzenöl zum Anbraten
Apfeldicksaft

Verrühren Sie das Mandelmus, das Ei, den Mandeldrink, das Salz und das Dinkelmehl in einer Schüssel zu einem glatten Teig. Halbieren Sie die Banane, und schneiden Sie sie in kleine Stücke. Heben Sie die Banane unter. Erhitzen Sie das Fett in eine Pfanne. Gießen Sie die Hälfte des Teigs in die Pfanne, und reduzieren Sie die Hitze. Braten Sie die Fladen auf beiden Seiten 3 – 5 Minuten, bis sie goldbraun und fest sind. Rösten Sie die Walnüsse in einer Pfanne ohne Zugabe von Öl an. Richten Sie die Fladen auf Tellern an. Geben Sie jeweils die Hälfte des Kakaopulvers, der Kokosraspeln und der Walnüsse über die Fladen. Zum Süßen übergießen Sie die Mandelmus-Bananen-Fladen mit etwas Apfeldicksaft.

MANGO-APFEL-CHUTNEY

BEILAGE ZU DEN GEBRATENEN KICHERERBSEN (SIEHE S. 52)

für 4 Portionen

1 Mango
1 säuerlicher Apfel
1 Zwiebel
2 EL Palmzucker
1 EL frischer Zitronensaft
1 TL Salz
½ TL Currypulver
je 1/3 TL Ingwerpulver, Chilipulver und Kurkumapulver

1 EL Butterschmalz, Ghee oder Pflanzenöl zum Anbraten

Schälen Sie den Apfel, entfernen Sie das Kerngehäuse, und schneiden Sie den Apfel in kleine Würfel. Schälen Sie die Mango, und schneiden Sie das Fruchtfleisch am Stein entlang ab. Schneiden Sie das Fruchtfleisch ebenfalls in kleine Würfel. Schälen Sie die Zwiebel, und hacken Sie sie sehr klein. Erhitzen Sie das Fett in einer Pfanne, geben Sie die Zwiebeln und alle Gewürze dazu. Dünsten Sie alles gut an. Geben Sie den Palmzucker dazu, und lassen Sie ihn karamellisieren. Geben Sie nun die Früchte und den Zitronensaft hinein, und lassen Sie alles 10 – 15 Minuten auf kleiner Flamme köcheln. Füllen Sie das Chutney in Einmachgläser ab, wenn Sie nicht alles sofort verspeisen.

MILCHREIS MIT PFIRSICH-INGWER-KOMPOTT

für 2 Portionen

700 ml Sojadrink
2 Pfirsiche
100 g Rundkornreis
2 EL Wasser
2 EL geröstete Pistazienkerne

1 EL Honig
1 EL Ahornsirup
1 kleines Stück frischer Ingwer
½ Zimtstange
Schale ½ Zitrone
Mark ½ Vanillestange
1 Prise Salz

Geben Sie den Reis, den Sojadrink, die Zitronenschale, das Vanillemark und das Salz in eine Pfanne. Lassen Sie alles einmal aufkochen, und reduzieren Sie dann die Hitze. Lassen Sie den Reis so lange einkochen, bis er gar ist und ein geschmeidiger Brei entsteht. Nehmen Sie die Pfanne vom Herd, und rühren Sie den Honig unter. Schneiden Sie die Pfirsiche in kleine Stücke. Schälen Sie den Ingwer, und schneiden Sie ihn ganz fein. Geben Sie die Früchte, den Ingwer, die Zimtstange und das Wasser in eine Pfanne, und bringen Sie alles zum Kochen. Reduzieren Sie die Hitze, und lassen Sie das Kompott ca. 5 Minuten weiterköcheln. Wenn die Früchte weich sind, nehmen Sie die Pfanne vom Herd und rühren den Ahornsirup unter.
Verteilen Sie den Reis auf die Schalen, und geben Sie das Pfirsich-Ingwer-Kompott darüber. Hacken Sie die Pistazien, und verteilen Sie sie über die Früchte.

MOHNDAMPFBROT

für 10 Brötchen

400 g Weizenmehl
250 ml warmes Wasser
1 EL Mohnsamen
1 Päckchen Trockenhefe
1 TL Salz
1 TL Vollrohrzucker

Vermengen Sie alle Zutaten zu einem glatten Teig. Lassen Sie ihn zugedeckt ca. 40 Minuten gehen. Formen Sie anschließend eine Rolle, und schneiden Sie sie in 10 gleich große Stücke. Lassen Sie die Teiglinge weitere 10 Minuten zugedeckt ruhen. Dämpfen Sie die Brötchen 20 Minuten in einem Bambuskorb (Bambusdämpfer) über kochendem Wasser. Genießen Sie das Mohndampfbrot mit einer Gewürzmilch oder zu einer Tasse Tee.

OKARA-HAFER-BRATLINGE

SÜSSE VARIANTE

Für 6 – 8 Bratlinge

100 g Okara (Nebenprodukt aus der Herstellung von Sojadrink, siehe S. 39)
100 g entsteinte Aprikosen
25 g feine Haferflocken
20 g grob gehackte Haselnüsse
1 Ei
2 TL Sesamsamen
¼ TL Salz
Butterschmalz, Ghee oder Pflanzenöl zum Anbraten
Ahornsirup

Schneiden Sie die Aprikosen in kleine Würfel. Geben Sie alle Zutaten in den Mixer, und pürieren Sie alles. Formen Sie aus dem glatten Teig kleine Bratlinge. Geben Sie etwas Fett in eine Pfanne, und braten Sie die kleinen Burger ca. 5 Minuten pro Seite an. Servieren Sie die Bratlinge mit Ahornsirup.

HERZHAFTE VARIANTE

für 6 – 8 Bratlinge

100 g Okara / 50 g grob geschnittener Lauch / 25 g feine Haferflocken / 20 g grob gehackte Walnüsse / 1 Ei / 1 EL Sojasauce / 2 TL Leinsamen / 1 TL getrocknete oder frische Kräuter (z. B. Kräuter der Provence) / ¼ TL Salz / ¼ TL Paprikapulver / 1 Prise Pfeffer / evt. 1 EL Wasser / Butterschmalz, Ghee oder Pflanzenöl zum Anbraten

Geben Sie alle Zutaten in den Mixer, und pürieren Sie alles. Formen Sie aus der Masse kleine Bratlinge. Geben Sie etwas Fett in eine Pfanne, und braten Sie die kleinen Burger 5 - 8 Minuten pro Seite an. Servieren Sie die Bratlinge mit etwas Crème fraîche.

POLENTABRATLINGE MIT ZWETSCHGENKOMPOTT

für 6 kleine Bratlinge

500 g Zwetschgen
450 ml Wasser
150 g Polenta
3 EL gehackte Haselnüsse
evtl. 1 TL Birkenzucker
1 Prise Salz
1 Prise Kardamom
Butterschmalz, Ghee oder Pflanzenöl zum Anbraten

Bringen Sie das Wasser zum Kochen. Geben Sie das Salz und die Polenta dazu, und lassen Sie alles bei geringer Hitze quellen. Teilen und entsteinen Sie die Zwetschgen. Kochen Sie sie mit 4 EL Wasser, dem Kardamom und, falls die Zwetschgen sehr sauer sind, dem Birkenzucker auf. Reduzieren Sie die Hitze, und lassen Sie das Kompott auf kleiner Hitze weiterköcheln, bis die Früchte weich sind. Rösten Sie in einer Pfanne ohne Zugabe von Öl die Haselnüsse an. Wenn die Polenta eingedickt ist, nehmen Sie sie vom Herd. Schmelzen Sie das Fett in einer Pfanne. Geben Sie die Polenta mit einem Löffel hinein, und formen Sie kleine Bratlinge, indem Sie die Masse leicht andrücken. Braten Sie die Polenta auf beiden Seiten goldbraun und knusprig an. Verteilen Sie das Zwetschgenkompott auf flachen Tellern, platzieren Sie die Polentabratlinge in der Mitte, und garnieren Sie mit den Haselnüssen.

QUINOAMÜSLI

für 2 Portionen

100 g Quinoa
100 ml Haferdrink
100 ml Wasser
1 kleiner Apfel
1 kleine Birne
1 – 2 EL Mandelstifte
1 – 2 TL Honig
1 TL Zitronensaft
½ TL Zimt
Mark ½ Vanillestange
1 Prise Salz

Spülen Sie die Quinoa in einem Sieb so lange ab, bis das Wasser klar ist. Geben Sie das Getreide mit dem Haferdrink, dem Wasser, dem Salz, dem Zimt und dem Vanillemark in eine Pfanne, und lassen Sie alles aufkochen. Reduzieren Sie die Hitze, und lassen Sie das Müsli so lange weiterköcheln, bis die Flüssigkeit aufgesogen ist. Nehmen Sie die Pfanne vom Herd, und rühren

Sie den Honig unter. Entfernen Sie das Kerngehäuse des Apfels und der Birne, schneiden Sie die Früchte in kleine Würfel, und geben Sie diese mit dem Zitronensaft und etwas Wasser in eine Pfanne. Köcheln Sie das Obst so lange, bis es weich ist. Rösten Sie die Mandelstifte ohne Zugabe von Öl an. Füllen Sie das Müsli in Schalen, verteilen Sie das Obst darauf, und streuen Sie die Mandelstifte darüber.

YOGAMÜSLI

für 2 Portionen

200 ml Haferdrink
1 Banane
6 EL Buchweizenflocken
2 EL Himbeeren
1 EL Zitronensaft
1 EL gerösteter Sesam
1 EL Kokosraspel
2 TL Ahornsirup
1 Prise Currypulver
1 Prise Salz

Schneiden Sie die Banane klein. Kochen Sie die Buchweizenflocken mit dem Haferdrink und dem Salz in einer Pfanne weich. Rühren Sie den Ahornsirup, den Zitronensaft und das Currypulver unter, dann heben Sie die Banane und die Himbeeren unter. Füllen Sie alles in Schüsseln, und bestreuen Sie das Yogamüsli mit dem Sesam und den Kokosraspeln.

ZUCCHINICRÊPES

für 2 Portionen

100 ml Reisdrink
100 g Zucchini
3 EL Mandelstifte
30 g getrocknete, in Öl eingelegte Tomaten
1 Ei
2 EL Roggenmehl
¼ TL gemahlener Kreuzkümmel
1 Prise gemahlener Safran
1 Prise Kräutersalz
1 Prise Salz
Butterschmalz, Ghee oder Pflanzenöl zum Anbraten

Für die Füllung verrühren Sie den Reisdrink, das Ei, das Salz und das Roggenmehl zu einem glatten Teig. Raspeln Sie die Zucchini, und schneiden Sie die getrockneten Tomaten klein. Erhitzen Sie etwas Fett in einer Pfanne, und geben Sie den Safran und den Kreuzkümmel hinein. Dünsten Sie die Gewürze leicht an, dann geben Sie die Zucchini und die Tomaten dazu und dünsten auch diese kurz an. Rösten Sie die Mandeln in einer Pfanne ohne Zugabe von Öl an. Schmecken Sie die Füllung mit Kräutersalz ab, und mischen Sie die Mandelstifte unter. Erhitzen Sie etwas Öl in einer großen Pfanne, und geben Sie mit einer Schöpfkelle die Hälfte des Crêpeteigs hinein. Braten Sie die Crêpes auf beiden Seiten goldbraun an, und füllen Sie sie jeweils mit der Hälfte des Gemüses.

ÜBUNGEN

ÜBUNGEN ZUR STÄRKUNG DER INNEREN MITTE

»DENKE, LEBE UND HANDLE AUS DEINER MITTE, DANN GIBT ES WEDER RICHTIG NOCH FALSCH.«

Ein chinesisches Sprichwort lautet: »Ist die innere Mitte stark, dann können alle 1000 Krankheiten geheilt werden. Ist die innere Mitte aber schwach, dann gibt es nur noch wenig Hoffnung.« Gern stelle ich Ihnen ein paar sehr einfache Übungen, z.B. aus dem Yoga, und Atem- sowie Mentaltechniken vor, die Ihre innere Mitte zusätzlich aufbauen, stärken und pflegen.

DER DIAMANTSITZ

Diese Übung fördert und unterstützt die Verdauung. Sie verhindert Blähungen und wirkt Verdauungsbeschwerden entgegen. Setzen Sie sich direkt nach dem Essen in den Diamantsitz, den Fersensitz, auf den Boden. Halten Sie den Rücken gerade, entspannen Sie die Schultern, und legen Sie die Handflächen flach auf die Oberschenkel. Ihr Gesäß, und somit Ihr gesamtes Körpergewicht, ruht auf den Fersen. Die Zehen sind gestreckt, sie liegen flach auf dem Boden. Halten Sie die Knie zusammen. Schließen Sie die Augen, und atmen Sie 5 – 10 Minuten ganz natürlich durch die Nase ein und aus.

DIE BAUCHATMUNG

Diese Atemtechnik massiert sanft die Bauchorgane und fördert die Verdauung. Legen Sie sich mit dem Rücken flach auf den Boden. Achten Sie auf eine symmetrisch ausgerichtete Lage des gesamten Körpers. Nutzen Sie, wenn nötig, ein kleines Kissen als Stütze für den Kopf oder eine Rolle für die Knie. Halten Sie

Ihren Körper angenehm warm. Schließen Sie die Augen, und entspannen Sie Gesicht, Arme, Hände, Beine und Füße. Werden Sie körperlich und geistig ganz ruhig. Lassen Sie los. Lenken Sie Ihre Aufmerksamkeit auf Ihre Atmung. Atmen Sie durch die Nase ein und aus. Führen Sie nun Ihre Aufmerksamkeit zum Bauch. Beim Einatmen wölbt sich der Bauch nach oben, beim Ausatmen senkt er sich wieder.

Wenn Ihnen diese Übung Schwierigkeiten bereitet, legen Sie ein Kissen oder ein Buch auf Ihren Bauch. Versuchen Sie, ohne sich dabei zu verkrampfen, den Gegenstand auf Ihrem Bauch auf- und abzubewegen. Beim Einatmen wandert das Kissen nach oben, beim Ausatmen lassen Sie es herabsinken. Sie können sich auch einen Luftballon vorstellen, der sich beim Einatmen mit Luft füllt und beim Ausatmen wieder entleert. Üben Sie 5–10 Minuten lang achtsam, und bleiben Sie körperlich und geistig entspannt. Machen Sie die Bauchatmung nicht mit vollem Magen.

DAS BOOT

Diese Übung stärkt die Rücken- und die Bauchmuskulatur. Sie regt den Stoffwechsel an, fördert die Durchblutung, lindert Verdauungsbeschwerden und Blähungen und fördert das Gleichgewicht. Setzen Sie sich auf den Boden, und strecken Sie die Beine aus. Halten Sie den Oberkörper gerade. Ziehen Sie die Füße zum Körper heran, dann heben Sie sie vom Boden ab und strecken sie nach oben aus. Strecken Sie auch die Arme nach vorn aus in Richtung Ihrer Füße. Entspannen Sie die Schultern, und halten Sie Arme und Finger gestreckt. Heben Sie das Brustbein nach oben an, und halten Sie den gesamten Rücken gerade. Nun entspannen Sie das Gesicht und atmen entspannt und regelmäßig durch die Nase ein und aus. Halten Sie diese Position mindestens 5 tiefe Atemzüge lang. Machen Sie das Boot nicht mit vollem Magen.

Falls Ihnen das Boot schwerfällt, probieren Sie es mit dem halben Boot. Dabei strecken Sie die Beine nicht ganz durch, sondern halten die Knie angewinkelt. Die

Unterschenkel befinden sich dabei parallel zum Boden. Legen Sie sich nach dem Üben für ein paar Atemzüge entspannt flach auf den Rücken.

DAS PAKET

Diese Übung fördert die Verdauung und wirkt Blähungen und Völlegefühl entgegen. Der gesamte Darm und die Bauchorgane werden dabei massiert. Legen Sie sich mit dem Rücken flach auf den Boden, und ziehen Sie die Knie zur Brust. Halten Sie mit den Händen die Unterschenkel, umfassen Sie dabei die Schienbeine. Atmen Sie ein, und lösen Sie leicht die Spannung zwischen Beinen und Oberkörper. Atmen Sie aus, und ziehen Sie die Knie bewusst wieder näher zur Brust. Wiederholen Sie dies etwa 21 Mal. Bleiben Sie danach ein paar Minuten mit ausgestreckten Armen und Beinen entspannt liegen. Üben Sie das Paket nicht unmittelbar nach einer Mahlzeit.

DER SCHMETTERLING

Diese Übung regeneriert, entspannt, stärkt, dehnt und weitet den gesamten Bauchraum und den Bereich des Zwerchfells. Legen Sie sich mit dem Rücken flach auf den Boden. Legen Sie, wenn nötig, ein kleines Kissen unter den Kopf und eine Decke unter den Rücken. Winkeln Sie die Beine an, und legen Sie sie so zur Seite ab, dass sich die Fußsohlen berühren. Alternativ können Sie links und rechts unter jedes Knie ein Kissen legen, wenn Sie zu viel Spannung in der Leiste oder der Hüfte verspüren. Strecken Sie die Arme seitlich vom Körper ab, die Handflächen zeigen nach oben. Schließen Sie die Augen, und entspannen Sie den gesamten Körper. Atmen Sie achtsam und tief in den Bauch ein und aus. Verweilen Sie so 5 – 10 Minuten.

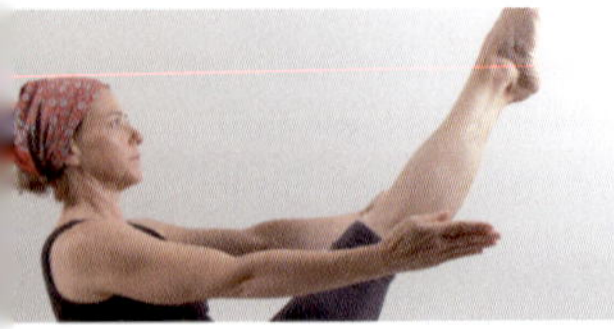

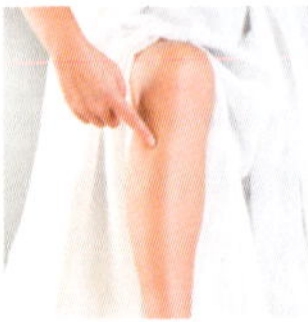

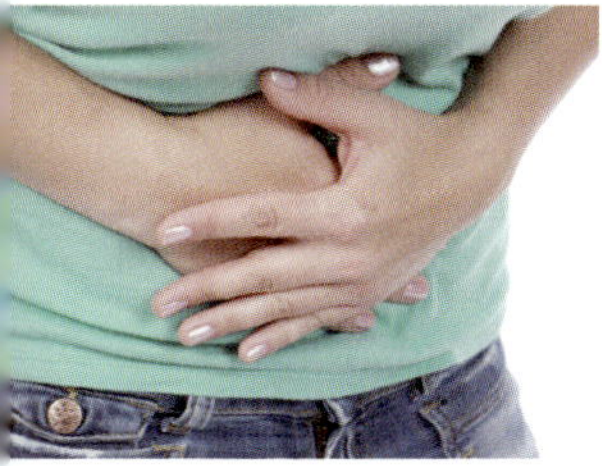

DIE BAUCHMASSAGE

Diese Übung beruhigt, zentriert und schenkt neue Energie. Setzen Sie sich auf einen Stuhl, oder nehmen Sie Ihre bevorzugte Meditationshaltung auf dem Boden ein. Sie können die Bauchmassage auch im Stehen praktizieren. Halten Sie den Oberkörper gerade, entspannen Sie das Gesicht, und schließen Sie die Augen. Lassen Sie Ihren Atem während des Übens natürlich durch die Nase ein- und ausströmen. Legen Sie nun beide Hände übereinander auf den Bauchnabel, und halten Sie einen Moment inne. Starten Sie die Massage, indem Sie im Uhrzeigersinn kleine Kreise um den Bauchnabel ziehen. Lassen Sie dann die Kreise immer größer werden, bis Sie die Rippenbögen und das Schambein erreichen. Versuchen Sie, mit der ganzen Handfläche zu massieren. Kreisen Sie insgesamt 36 Mal mit kräftigem Druck im Uhrzeigersinn nach außen. Im Anschluss beschreiben Sie 24 Mal mit sanftem Druck Kreise gegen den Uhrzeigersinn nach innen. Die Kreise werden dabei wieder kleiner, sodass der letzte Kreis auf dem Bauchnabel endet. Lassen Sie die Hände dort für ein paar Minuten ruhen, und spüren Sie nach. Alternativ können Sie auch den nackten Bauch massieren, reiben Sie dazu Ihre Hände mit warmem Sesamöl ein. Massieren Sie Ihren Bauch nicht unmittelbar nach einer Mahlzeit.

DER BAUCHWICKEL

Bauchwickel helfen bei Verdauungsbeschwerden, Blähungen und nervösem Magen. Sie wirken wärmend, wohltuend, krampflösend und entspannend. Tauchen Sie ein Leinentuch in heißen Kamillentee. Wringen Sie das Tuch gut aus, und legen Sie es auf die Haut Ihres Bauches. Achten Sie dabei auf die Temperatur, denn dieser Bereich ist sehr empfindlich. Legen Sie dann ein dickeres Tuch darüber, und wickeln Sie sich in eine warme Decke ein. Gönnen Sie sich 15 – 30 Minuten Ruhe. Alternativ können Sie auch eine Wärmflasche oder ein Wärmekissen verwenden.

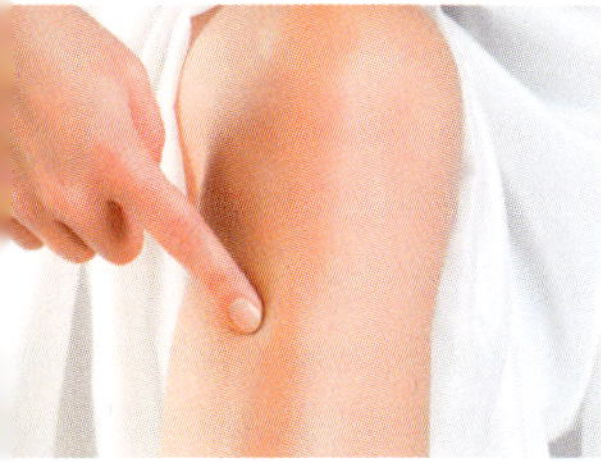

DER MEISTERPUNKT

Die Massage des Akupunkturpunktes »Magen 36« reguliert die Milz, harmonisiert den Magen und den Darm, lindert Verdauungsbeschwerden und stärkt die Energie im gesamten Körper. Sie finden die richtige Stelle an der Außenseite des Beins etwa vier Fingerbreit unterhalb der Kniescheibe in der Vertiefung zwischen Schienbein und vorderem Schienbeinmuskel. Massieren Sie den Meisterpunkt an beiden Knien kräftig mit Daumen oder Zeigefinger 1–2 Minuten. Kreisen Sie dazu um den Punkt, oder drücken Sie ihn gleichbleibend fest. Sie können ihn auch mit der flachen Hand klopfen, wenn Sie nicht ganz sicher sind, wo der Meisterpunkt liegt.

DAS KRAFTWORT »RAM«

Das Kraftwort »RAM« stärkt, öffnet und harmonisiert die innere Mitte. Setzen Sie sich auf einen Stuhl, oder nehmen Sie Ihre bevorzugte Meditationshaltung im Sitzen ein. Sie können diese Übung auch im Stehen praktizieren. Halten Sie den Rücken gerade. Schließen Sie die Augen, und lenken Sie Ihre Aufmerksamkeit auf die Körpermitte. Konzentrieren Sie sich nun auf Ihre Atmung. Atmen Sie bewusst, achtsam und tief durch die Nase ein, und summen oder singen Sie beim Ausatmen durch den Mund »RAAAAAAMMMMM«. Wiederholen Sie das Mantra mindestens 21 Mal. Spüren Sie noch ein paar Atemzüge nach.

DIE KRAFTFARBE

Diese Übung zentriert, kräftigt und schenkt Vertrauen. Sie hilft, Gedanken, Gefühle und Emotionen »zu verdauen«. Setzen Sie sich auf einen Stuhl, oder nehmen Sie Ihre bevorzugte Meditationshaltung im Sitzen ein. Halten Sie den Rücken gerade. Schließen Sie die Augen, und entspannen Sie das Gesicht. Atmen Sie natürlich und gelassen durch die Nase ein und aus. Lenken Sie Ihre Aufmerksamkeit auf die Körpermitte zwischen Bauchnabel und Brustbein. Stellen Sie sich dort eine leuchtend gelbe, strahlende Sonne vor. Konzentrieren Sie sich ca. 5 Minuten auf dieses Bild. Spüren Sie, wie die Wärme und das Licht Ihren ganzen Körper erreichen.

SCHLUSSWORT

SCHLUSSWORT

»DIE MITTE – AUS IHR KOMMEN WIR, ZU IHR KEHREN WIR ZURÜCK.«

Essen ist etwas Wunderbares, und Freude und Genuss gehören zum Essen unbedingt dazu. Nur nicht alles, was uns schmeckt, bekommt uns auch. Ein Sprichwort aus dem Yoga lautet: »Iss nichts, was du nicht magst, aber iss nicht alles, was du magst!« Es ist wichtig, dass wir wieder lernen, auf unsere körperlichen und geistigen Signale zu achten und jegliche Veränderungen wahrzunehmen. In meinen Augen gibt es keine »richtige« Ernährungslehre. Es geht vielmehr darum, zu erkennen, was die Lebensenergie fördert, den Körper kräftigt und heilt und den Geist beruhigt und stärkt. Wie, wann, was und warum esse ich? Das sind Fragen, die Sie sich immer wieder stellen sollten. Gerade Ernährungsgewohnheiten müssen immer wieder hinterfragt und überprüft werden. Je nachdem, welches Ihre Lebensziele, Wünsche und Anforderungen sind, sollten Sie Ihre Ernährung anpassen. Eigenverantwortung und Bewusstsein spielen in einer gesunden und heilsamen Ernährung eine tragende Rolle. Ernährung sollte - genau wie das Leben - nie dogmatisch sein.

Finden Sie heraus, was Ihnen tatsächlich guttut. Dazu müssen Sie mindestens einen Monat lang Ihre Frühstücksgewohnheiten komplett auf den Kopf stellen. Verzichten Sie ganz bewusst auf Altbekanntes und Altbewährtes. Verlassen Sie Ihre gewohnten Pfade. Stellen Sie den Kaffee beiseite, lassen Sie das Brötchen, den Käse und auch die Wurst weg. Verzichten Sie auf Fruchtsaft, Energiedrinks, den geliebten Schokoaufstrich und die Marmelade. Schenken Sie sich, Ihrem Körper und Ihrem Geist ganz neue Erfahrungen zu machen. Ernähren Sie sich mindestens 30 Tage lang jeden Morgen warm, und praktizieren Sie täglich eine Übung, die Ihre innere Mitte zusätzlich stärkt. Lassen Sie sich überraschen, was passiert. Überprüfen Sie achtsam und objektiv, wie Sie sich körperlich und mental fühlen. Wie fit und leistungsstark sind Sie? Wie belastbar und konzentriert? Wie hoch ist Ihr Energieniveau? Verspüren Sie noch Heißhunger auf Süßes? Wie ist Ihre Verdauung?

Seien Sie auf der Hut, und fallen Sie nicht in die alte Gewohnheitsenergie zurück. Aus eigener Erfahrung weiß ich, dass diese sehr stark sein kann. Deshalb rate ich Ihnen dazu, dass Sie in der Zeit dieses Experiments am besten die oben erwähnten Produkte gar nicht erst zu Hause haben. Aus einer starken inneren

Mitte heraus zu denken, zu fühlen, zu handeln und zu leben, macht sie gesünder, ausgeglichener, zufriedener und glücklicher. Das kann ich Ihnen versprechen, denn ich erlebe es täglich. Investieren Sie in sich – in Ihre innere Mitte. Es lohnt sich!

In diesem Sinne wünsche ich Ihnen von Herzen ganz viel Lebensenergie und einen heilsamen Genuss aus Ihrer starken inneren Mitte!

HERZLICHST
IHRE SANDY TAIKYU KUHN SHIMU

DANKSAGUNG

Mein Dank gilt allen belebten und unbelebten Wesen. Durch sie darf ich denken, fühlen und handeln. Sie sind meine körperliche und geistige Nahrung, meine allumfassende Energie, meine Lebenskraft. Ihnen verdanke ich mein Leben!

ZUR AUTORIN

Sandy Taikyu Kuhn Shimu, Chan-Meisterin, Künstlerin und Autorin, ist hauptberuflich als Lehrerin und Ausbilderin in den Bereichen Kung Fu, Yoga, Qi Gong und Chan (jap. Zen) sowie als psychologisch-spirituelle Beraterin tätig. Außerdem ist sie Mitbegründerin der WU LIN Organisation und der WU LIN Chan-Linie, einer Ausrichtung bzw. Schule, die die bekannten Zen-Aspekte wieder mit der ursprünglichen Chan-Tradition vereint. Darin wird großer Wert auf die Anwendbarkeit der Zen-Praxis im normalen Alltag gelegt. Sandy Taikyu Kuhn Shimu findet ihre Erfüllung im täglichen Unterricht ihrer Schülerinnen und Schüler im In- und Ausland.

Weitere Informationen zur Tätigkeit der Autorin finden Sie unter:
www.taikyu.ch | www.wulin.ch | www.wulintempel.ch
sandy@taikyu.ch

WEITERE TITEL DER AUTORIN ERSCHIENEN IM Schirner Verlag

Das Tao der Worte / Zen-Geschichten, die das Herz und den Geist bewegen
978-3-8434-1110-3

Begegne dir selbst in der Stille / Freiheit beginnt mit deinen Gedanken
978-3-8434-1104-2

Wenn Kirschblüten fallen / Impulse, die den Geist beflügeln
978-3-8434-1056-4

Wenn Kirschblüten fallen / Geführte Meditationen, die den Geist befreien
978-3-8434-8204-2

Was dein innerer Buddha dir zu sagen hat / Entdecke deinen edlen Kern! – 54 Karten mit Begleitbuch / 978-3-8434-9043-6

Im Angesicht des Todes – und jetzt? / Übungsbuch zur Integration und Akzeptanz des Unvermeidlichen / 978-3-8434-1079-3

Vergeben, Heilen und Loslassen im Angesicht des Todes / Geführte Meditationen
978-3-8434-8221-9

Mit Buddha Tee trinken / Eine Einführung in die chinesische Teezeremonie
978-3-8434-1033-5

Erwecke den Krieger in dir / Das WU LIN-Prinzip
978-3-8434-1057-1

Erleuchtung zum Frühstück / Nimm dir Zeit zum Leben – Achtsamkeit im Alltag
978-3-8434-1078-6

Erleuchtung zum Frühstück / Zen im Alltag – 108 Karten mit Anleitung
978-3-8434-9029-0

Was die Energie zum Fließen bringt / Der kleine Energieratgeber für jeden Tag
978-3-8434-5069-0

Kleine Energiequellen für jeden Tag
978-3-8434-5083-6

Zufriedenheit – der Schlüssel zum Glück / Geführte Meditationen
978-3-8434-8270-7

BILDNACHWEIS

verwendete Bilder von www.fotolia.de:

3805168 © Foto-Rhein-Main
7058820 © Swifter
12176794 © Digitalpress
12851032 © michaeljung
17293447 © mdi
17477297 © joda
19073099 © detailblick
19795721 © liveostockimages
24853991 © Natalia Klenova
25238328 © lily
26867562 © suyecao
28833264 © Christian Jung
30740093 © Corinna Gissemann
32311254 © Igor Tarasov
32749969 © Francesco83
35227121 © vanillaechoes
35344777 © eyewave
35807636 © hufnasi
35873012 © soniaC
36412767 © jd-photodesign
37113721 © Barbara-Maria Damrau
38805234 © Mariusz Prusaczyk
38805277 © Mariusz Prusaczyk
40756204 © KK-Foto
41814166 © Vesna Cvorovic
42293306 © Aleksandr Bedrin
42378528 © Ina Schoenrock
43394106 © Doris Heinrichs
43735829 © Butch
44476571 © olgavolodina
45137670 © Elena Ray
45215917 © PhotoSG
45542371 © lily
45548538 © yadaphoto
45994680 © oksix
46772770 © Robert Kneschke
47041612 © Robert Kneschke
47320555 © fieryphoenix
47603296 © Kitty
47684039 © Heike Rau
48172251 © siamphoto
48180240 © byheaven
48835071 © Silvy78
50141766 © Monika Wisniewska
50252032 © Anatolii
50444932 © soniaC
50521768 © drubig-photo
50527778 © photocrew
50758413 © Daniel Ernst
50805878 © Pavel
50850528 © Fyle
50947858 © lightofchairat
51051678 © kwasny221
51095895 © photocrew
51490417 © luminastock
51517847 © uckyo
51693411 © BeTa-Artworks
51830495 © A_Lein
52528129 © Sea Wave
52578092 © anjelagr
54618507 © Auttapon Moonsawad
54967601 © M.studio
55067957 © vanillaechoes
55195664 © phoopanotpics
55241407 © Peredniankina
55292767 © Karin Isopp
55423864 © ChristArt
55554272 © Sea Wave
56193583 © absolutimages
56969876 © elieli
57235962 © Gina Sanders
57306179 © yurolaitsalbert
57413881 © lecic
57743032 © fahrwasser
57959219 © MSPhotographic

www.shutterstock.com:

45557215 © HLPhoto
57300235 © marco mayer
95289013 © Paul_Brighton
130440881 © Maria Shumova
136182443 © Sunny Forest
141252781 © Kostenko Olga
142341574 © Jayme Burrows
145264060 © Magdalena Kucova
150043466 © daffodilred